MOISÉS, O SERVO DE DEUS QUE LIDEROU OS ISRAELITAS A ADORAR A DEUS DE TODO O CORAÇÃO, DESAPARECEU DA CENA.
EM SEU LUGAR VEIO JOSUÉ, SEU SERVO. MAS PASSARAM 250 ANOS DESDE QUE JOSUÉ LIDEROU O POVO DE ISRAEL.
EM CADA GERAÇÃO, CONFORME OS ISRAELITAS SE DESVIARAM DO CAMINHO DE DEUS, ELE OS ENTREGOU COMO PILHAGEM AOS SEUS INIMIGOS.
DEUS, NOS AJUDE!
MAS CADA VEZ QUE CLAMAVAM, ELE ENVIAVA UM LIBERTADOR - UM JUIZ.

ÊXODO 13:17 - JUÍZES 13:1-2

UM POVO QUE HABITAVA POR PERTO – OS FILISTEUS – ERA ETNICAMENTE LIGADO AOS EGÍPCIOS.
ELES ERAM UM POVO DO MAR, MAS SE ESTABELECERAM EM CINCO CIDADES EM CANAÃ.
ELES ERAM GUERREIROS E RENOMADOS COMO MESTRES FERREIROS.
QUANDO DEUS TIROU O POVO DA TERRA DO EGITO, ELE OS IMPEDIU DE ATRAVESSAR TERRITÓRIO FILISTEU, APESAR DE O CAMINHO SER MUITO MAIS CURTO.
"SE ENFRENTAREM A GUERRA, É POSSÍVEL QUE SE ARREPENDAM E VOLTEM AO EGITO."
EM 1425 A.C., OS FILISTEUS SUBJUGARAM O POVO DE ISRAEL E OS MANTEVE SOB JULGO POR 40 ANOS.
DURANTE ESSA ÉPOCA, UM HOMEM CHAMADO MANOÁ DA TRIBO ISRAELITA DE DÃ TINHA UMA ESPOSA ESTÉRIL E SEM FILHOS.

GASP!
VOCÊ É ESTÉRIL E SEM FILHOS, MAS TERÁ UM FILHO.
AGORA, FAÇA QUESTÃO DE NÃO BEBER VINHO OU OUTRA BEBIDA FERMENTA-DA. VOCÊ IRÁ CONCEBER E DAR LUZ A UM FILHO.
NENHUMA LÂMINA DEVE SER USADA EM SUA CABEÇA, PORQUE O MENINO É UM NAZIREU.
E ELE COMEÇARÁ A LIBERTA-ÇÃO DE ISRAEL DAS MÃOS DOS FILISTEUS.

JUÍZES 13:3-5

A ESPOSA DE MANOÁ COMPARTILHOU COM ELE O ENCONTRO DIVINO.
Ó SENHOR, IMPLORO-TE, FAÇA VOLTAR O HOMEM DE DEUS, PARA QUE ELE NOS ENSINE A CRIAR O MENINO QUE ESTÁ POR VIR.
DEUS OUVIU A MANOÁ E O ANJO DE DEUS RETORNOU, MAS MANOÁ NÃO ESTAVA COM SUA ESPOSA.
ELE ESTÁ AQUI!
O HOMEM QUE VEIO A MIM NAQUELE DIA!
É VOCÊ QUEM FALOU COM A MINHA ESPOSA?
SOU EU.
QUANDO AS SUAS PALAVRAS SE REALIZAREM, QUAL SERÁ A ORDEM PARA A VIDA E O TRABALHO DO MENINO?
JUÍZES 13:6-14

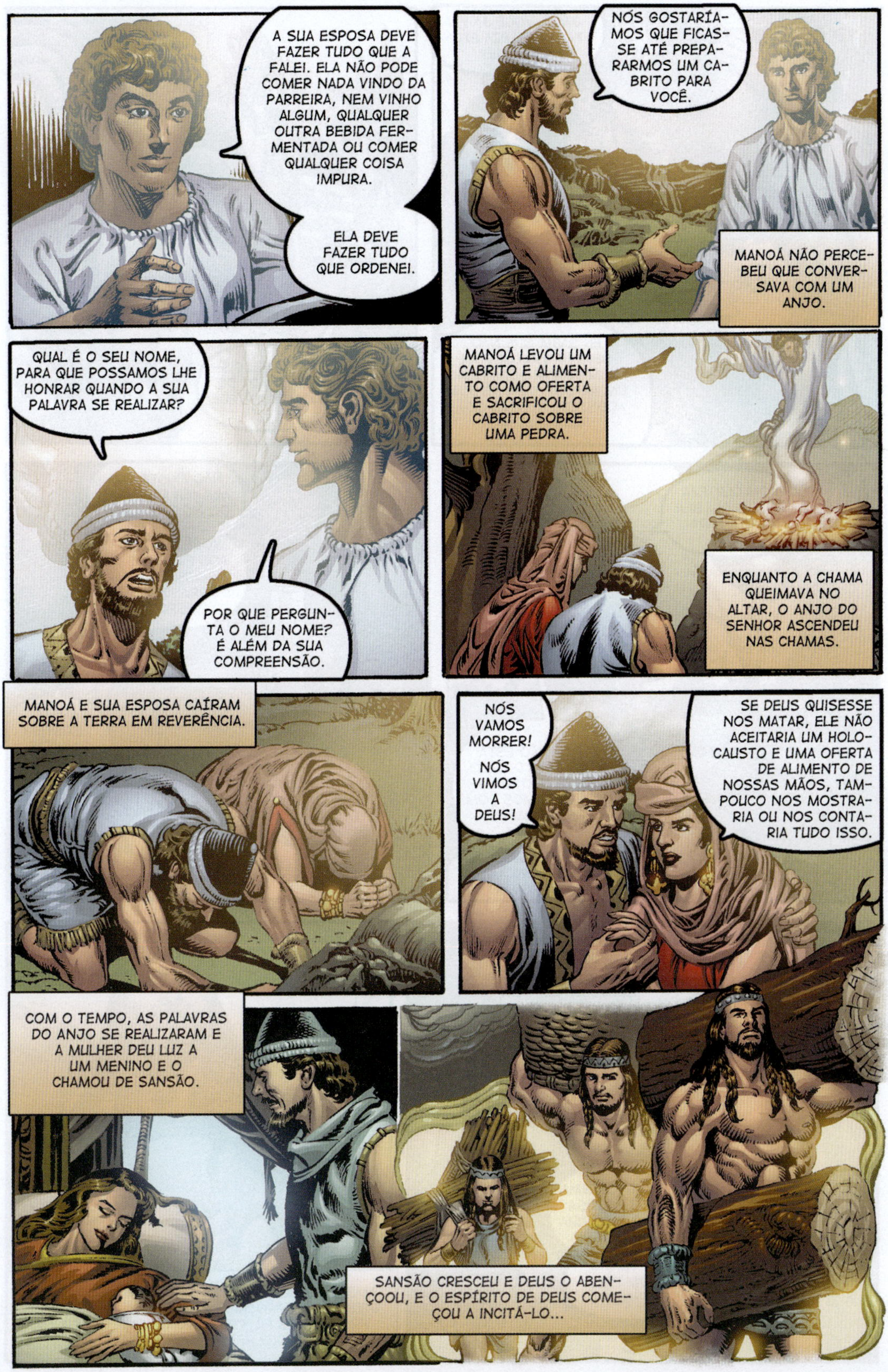
A SUA ESPOSA DEVE FAZER TUDO QUE A FALEI. ELA NÃO PODE COMER NADA VINDO DA PARREIRA, NEM VINHO ALGUM, QUALQUER OUTRA BEBIDA FERMENTADA OU COMER QUALQUER COISA IMPURA.
ELA DEVE FAZER TUDO QUE ORDENEI.
NÓS GOSTARÍAMOS QUE FICASSE ATÉ PREPARARMOS UM CABRITO PARA VOCÊ.
MANOÁ NÃO PERCEBEU QUE CONVERSAVA COM UM ANJO.
QUAL É O SEU NOME, PARA QUE POSSAMOS LHE HONRAR QUANDO A SUA PALAVRA SE REALIZAR?
POR QUE PERGUNTA O MEU NOME? É ALÉM DA SUA COMPREENSÃO.
MANOÁ LEVOU UM CABRITO E ALIMENTO COMO OFERTA E SACRIFICOU O CABRITO SOBRE UMA PEDRA.
ENQUANTO A CHAMA QUEIMAVA NO ALTAR, O ANJO DO SENHOR ASCENDEU NAS CHAMAS.
MANOÁ E SUA ESPOSA CAÍRAM SOBRE A TERRA EM REVERÊNCIA.
NÓS VAMOS MORRER!
NÓS VIMOS A DEUS!
SE DEUS QUISESSE NOS MATAR, ELE NÃO ACEITARIA UM HOLOCAUSTO E UMA OFERTA DE ALIMENTO DE NOSSAS MÃOS, TAMPOUCO NOS MOSTRARIA OU NOS CONTARIA TUDO ISSO.
COM O TEMPO, AS PALAVRAS DO ANJO SE REALIZARAM E A MULHER DEU LUZ A UM MENINO E O CHAMOU DE SANSÃO.
SANSÃO CRESCEU E DEUS O ABENÇOOU, E O ESPÍRITO DE DEUS COMEÇOU A INCITÁ-LO...

...20 ANOS DEPOIS
JACÓ, VOCÊ JÁ VIU TANTA BELEZA EXUBERANTE?
EU SABIA QUE NÃO DEVERIA TRAZER VOCÊ COMIGO PARA COMPRAR UM ARADO. NADA DE BOM ACONTECE NESSAS CIDADES FILISTEIAS.
COMO EU DISSE...NADA DE BOM ACONTECE.
COM CERTEZA ACHEI A MULHER CERTA PARA MIM.
VOCÊ NÃO ESTÁ PENSANDO DIREITO. JAVÉ NÃO QUER QUE CASEMOS COM ESSAS PAGÃS.
OS SEUS PAIS NUNCA VÃO APROVAR.
NÃO EXISTE UMA MULHER ACEITÁVEL DO NOSSO POVO?
VOCÊ PRECISA IR AOS FILISTEUS INCIRCUNCISOS PARA ARRANJAR UMA ESPOSA?
SANSÃO... EXISTEM MUITAS BELAS VIRGENS ISRAELITAS.
TRAGA-ME ELA.
ELA É PERFEITA PARA MIM.
ELE SEMPRE FOI TÃO TEIMOSO.
ESSE É O PROBLEMA DELE. ELE PRECISA DE MENOS TEIMOSIA E MAIS SABEDORIA.
NÃO TENHO UM BOM PRESSENTIMENTO.
MAS OS SEUS PAIS NÃO SABIAM QUE ISSO ERA DE DEUS, QUEM PROCURAVA UMA OCASIÃO PARA CONFRONTAR OS FILISTEUS; PORQUE NESSA ÉPOCA, ELES QUE REINAVAM SOBRE ISRAEL.

JUÍZES 14:1-4

UM DIA, QUANDO IA VISITAR OS FILISTEUS...
ELE FOI ATA-CADO POR UM LEÃO.
MAS COM A SUA GRANDE FORÇA...
ELE MATOU O LEÃO.
SANSÃO FOI NO-VAMENTE A TIMNA PARA CONVERSAR COM A MULHER, E GOSTOU DELA.
ELA TEM A NOS-SA PERMISSÃO PARA CASAR
MAS O CASAMENTO DEVE ACONTECER AQUI, COM O NOSSO POVO.
VOCÊ É O HOMEM QUE EU SEMPRE PRO-CUREI.

JUÍZES 14:5-7

OKAY, NÓS IREMOS AO CASAMENTO.
VOCÊ PODE IR A TIMNA PARA PREPARAR O BANQUETE DO CASAMENTO. NÓS IREMOS EM MAIS OU MENOS UM DIA.
NÃO É PARA CASARMOS COM ESSES IDÓLATRAS, MAS PODEMOS VER QUE VOCÊ JÁ SE DECIDIU.
NO SEU CAMINHO A TIMNA DOS FILISTEUS...
... ELE VIU QUE O LEÃO MORTO AGORA TINHA ABELHAS E MEL NA SUA CARCAÇA.
NHAM...
NÃO FAZ SENTIDO DEIXAR ESSA COMIDA BOA ESTRAGAR.
* O CONTATO DE SANSÃO COM O LEÃO MORTO ERA UMA TRANSGRESSÃO CONTRA O SEU VOTO NAZIREU.
MEU FILHO, VOCÊ ENCONTROU UM MEL MUITO DOCE.

ERA COSTUME DA ÉPOCA OS NOIVOS FAZEREM UM BANQUETE PARA O CASAMENTO.
* A PALAVRA HEBRAICA MISHTEH - UMA FESTA QUE TEM ESPECIALMENTE O ÁLCOOL, OUTRA TRANSGRESSÃO CONTRA O SEU VOTO NAZIREU.
OS FILISTEU FORNECERAM 30 HOMENS FILISTEUS PARA A OCASIÃO.
VOU CONTAR A VOCÊS UM ENIGMA.
SE CONSEGUIREM ME DAR A RESPOSTA DENTRO DOS SETE DIAS DO BANQUETE, VOU DAR-LHES TRINTA ROUPAS DE LINHO E TRINTA CONJUNTOS DE ROUPAS.
SE NÃO CONSEGUIREM ME DAR A RESPOSTA, VOCÊS DEVEM ME DAR TRINTA ROUPAS DE LINHO E TRINTA CONJUNTOS DE ROUPA.
VAMOS OUVIR.
NOS CONTE ESSE ENIGMA.
DO COMEDOR, SAI A COMIDA. DO FORTE SAI A ALGO DOCE.
...ALGO DOCE.
ESSE HEBREU NOS ENGANOU.
DURANTE QUATRO DIAS OS FILISTEUS SOFRERAM E NÃO CONSEGUIRAM ACHAR A RESPOSTA DO ENIGMA.
ESSE HEBREU VEM AQUI PARA NOS FAZER DE TOLOS.
TALVEZ PODEMOS FAZER DELE UM TOLO.

MINHA SENHORA, OS SENHORES DOS FILISTEUS SOLICITARAM UM ENCONTRO COM VOCÊ.
EU?
PERSUADE O SEU MARIDO HEBREU A NOS CONTAR A RESPOSTA DAQUELE ENIGMA ESTÚPIDO DELE.
NÃO ESTAMOS PEDINDO... ESTAMOS DEMANDANDO.
NÃO ACEITAREMOS ESSE ESTRANGEIRO VINDO AQUI E NOS FAZENDO DE TONTOS...
NEM NOS ROUBANDO.
EU NÃO POSSO... ELE NÃO CONTOU A NINGUÉM, NEM A MIM.
OU ELE EXPLICA O ENIGMA PARA VOCÊ... OU NÓS VAMOS LEVAR VOCÊ E A FAMÍLIA DE SEU PAI AO FOGO
ESSAS SÃO AS SUAS OPÇÕES.
CHORO
VOCÊ ME ODEIA! VOCÊ NÃO ME AMA DE VERDADE. VOCÊ CONTOU UM ENIGMA AO MEU POVO MAS NÃO ME CONTOU A RESPOSTA.
EU NÃO EXPLIQUEI AO MEU PAI E NEM A MINHA MÃE, ENTÃO POR QUE DEVO EXPLICAR A VOCÊ?
...ENTÃO SANSÃO CEDEU E A CONTOU A RESPOSTA DO ENIGMA.

O ÚLTIMO DIA DO BANQUETE DO CASAMENTO.
O QUE É MAIS DOCE QUE O MEL?
O QUE É MAIS FORTE QUE UM LEÃO?
SE VOCÊS NÃO TIVESSE MEXIDO COM A MINHA ESPOSA, VOCÊS NÃO TERIAM RESOLVIDO O MEU ENIGMA.
PORÉM, VOCÊS TERÃO AS TRINTAS PEÇAS DE ROUPAS.
NO RESTANTE DO DIA, SANSÃO PASSOU PELA ÁREA BATENDO E ROUBANDO OS HOMENS FILISTEUS, LEVANDO OS SEUS TRAJES FINOS, ATÉ QUE CONSEGUISSE TRINTA CONJUNTOS.
AAARGHH!
YEOWMW!
UM MONSTRO!
O QUE...?
A MINHA DÍVIDA FOI PAGA.
COM RAIVA, SANSÃO SAIU E RETORNOU A CASA DE SEU PAI.

JUÍZES 14:18-19

EU VIM VER A MINHA ESPOSA.
EU...EU...TINHA TANTA CERTEZA QUE VOCÊ A ODIAVA QUE EU A DEI AO SEU AMIGO.
A IRMÃ MAIS NOVA DELA NÃO É MAIS ATRAENTE? FIQUE COM ELA.
DESSA VEZ EU TENHO O DIREITO DE ME VINGAR DOS FILISTEUS! VOU REALMENTE CAUSAR UM GRANDE DANO A ELES.
APÓS CONSEGUIR 300 RAPOSAS, ELE AS AMARROU EM PARES PELAS CAUDAS E DEVASTOU AS PLANTAÇÕES DOS FILISTEUS...
..EXECUTANDO A SUA VINGANÇA COMO PROMETEU.

JUÍZES 15:1-5

QUEM FEZ ISSO??!!!
FOI O ISRAELITA SANSÃO, A QUEM ERA PROMETIDO A FILHA DO TIMNITA.
ELE FEZ ISSO PORQUE A ESPOSA PROMETIDA A ELE FOI DADA AO SEU AMIGO.
ESSE JOVEM O VIU SAINDO DA CIDADE E CAMINHANDO EM DIREÇÃO AO MORRO ONDE FICAM AS TOCAS DAS RAPOSAS.
DEIXE-NOS SAIR, DEIXE-- NOS SAIR!
EEEAAIAAAH!!!
NOS AJUDE, TENHA MISERICÓRDIA!
AGORA VAMOS VER O QUE DIZ O SANSÃO.
IAAAAH!
SANSÃO VICIOSAMENTE ATACOU OS FILISTEUS EM ATAQUES SURPRESA, MATANDO MUITOS.
APÓS EXECUTAR A SUA VINGANÇA PELA MORTE DA FAMÍLIA DE SUA NOIVA PROMETIDA, ELE FICOU NUMA CAVERNA NA ROCHA DE ETÃ.

JUÍZES 15:6-8

SEM ARRISCAR, OS LÍDERES FILISTEUS ENVIARAM UM EXÉRCITO DE INFANTARIA PARA ACHAR SANSÃO E O TRAZER DE VOLTA PARA A JUSTIÇA.
POR QUE TROUXERAM ESSE ENORME EXÉRCITO PARA LUTAR CONTRA NÓS?
A NOSSA BRIGA NÃO É COM VOCÊ. VIEMOS LEVAR SANSÃO COMO PRISIONEIRO.
FAREMOS COM ELE O QUE FOI FEITO CONOSCO.
FAREMOS O POSSÍVEL PARA ENTREGÁ-LO EM SUAS MÃOS.
MUITO BOM. ISSO É TUDO QUE QUEREMOS... POR ENQUANTO.
SERÁ QUE VOCÊ NÃO ENTENDE QUE OS FILISTEUS REINAM SOBRE NÓS?
O QUE VOCÊ FEZ CONOSCO?
ELES JÁ TOMARAM AS NOSSAS ARMAS, VÃO NOS MATAR.
EU FIZ SOMENTE O QUE FIZERAM COMIGO.
OS ISRAELITAS NÃO PERCEBERAM QUE EMBORA OS FILISTEUS TIVESSEM TOMADO AS SUAS LANÇAS E ESPADAS, DEUS TINHA OS DADO UMA ARMA MAIOR, SANSÃO.

JUÍZES 15:9-11

NOS PERDOE, MAS VIEMOS PARA TE PRENDER E ENTREGA-LO AOS FILISTEUS.
NÓS NÃO TEMOS ESCOLHA, TEMOS QUE FAZER ISSO PELO NOSSO POVO, E PARA PROTEGER AS NOSSAS FAMÍLIAS.
SENÃO, OS FILISTEUS MATARÃO A TODOS NÓS SALVO SE ACHAREM VOCÊ.
SÓ ME PROMETAM QUE VOCÊS NÃO IRÃO ME MATAR.
CERTO.
VAMOS SOMENTE TE AMARRAR E ENTREGÁ-LO A ELES. NÃO VAMOS MATAR VOCÊ.
ENTÃO ELES O AMARRARAM COM DUAS CORDAS NOVAS...
...E O LEVARAM DA ROCHA
IIIIH!
MATEM-NO!!
É O SANSÃO, PRENDAM-NO VIVO!
SIM, PARA NÓS MATARMOS A ELE DEVAGAR.

O ESPÍRITO DO SENHOR VEIO SOBRE SANSÃO COMO FORÇA.
AS CORDAS NOS SEUS BRAÇOS FICARAM COMO LINHO QUEIMADO, E OS LAÇOS CAÍRAM DE SUAS MÃOS.

JUÍZES 15:14-15

COM A MANDÍBULA DE UM JUMENTO EU OS FIZ DE JUMENTOS.
COM A MANDÍBULA DE UM JUMENTO, EU MATEI MIL HOMENS.
O LUGAR FOI CHAMADO DE RAMATH LEHI - MORTE PELA MANDÍBULA.
ELE NÃO ERA HOMEM, ERA UM DEMÔNIO!
ELE MATOU OS HOMENS, 3 A 4 POR VEZ.
NÃO CONSEGUÍAMOS CHEGAR NELE. OS MORTOS FICARAM COMO UMA MURALHA EM VOLTA DELE. AS NOSSAS LANÇAS SÓ MATAVAM OS NOSSOS HOMENS.
O LEÃO RENEGADO DEVE SER CAÇADO E MORTO.
MEUS SENHORES, DEIXEM-NO. NÃO CONTINUEM AMALDIÇOANDO A NOSSA TERRA. NÃO DEIXE QUE MAIS FILISTEUS SEJAM SACRIFICADOS A ESSE DEUS HEBREU QUE APOIA SANSÃO.
E DEUS, MAIS UMA VEZ OS LIBERTOU DOS FILISTEUS.

JUÍZES 15:16-19

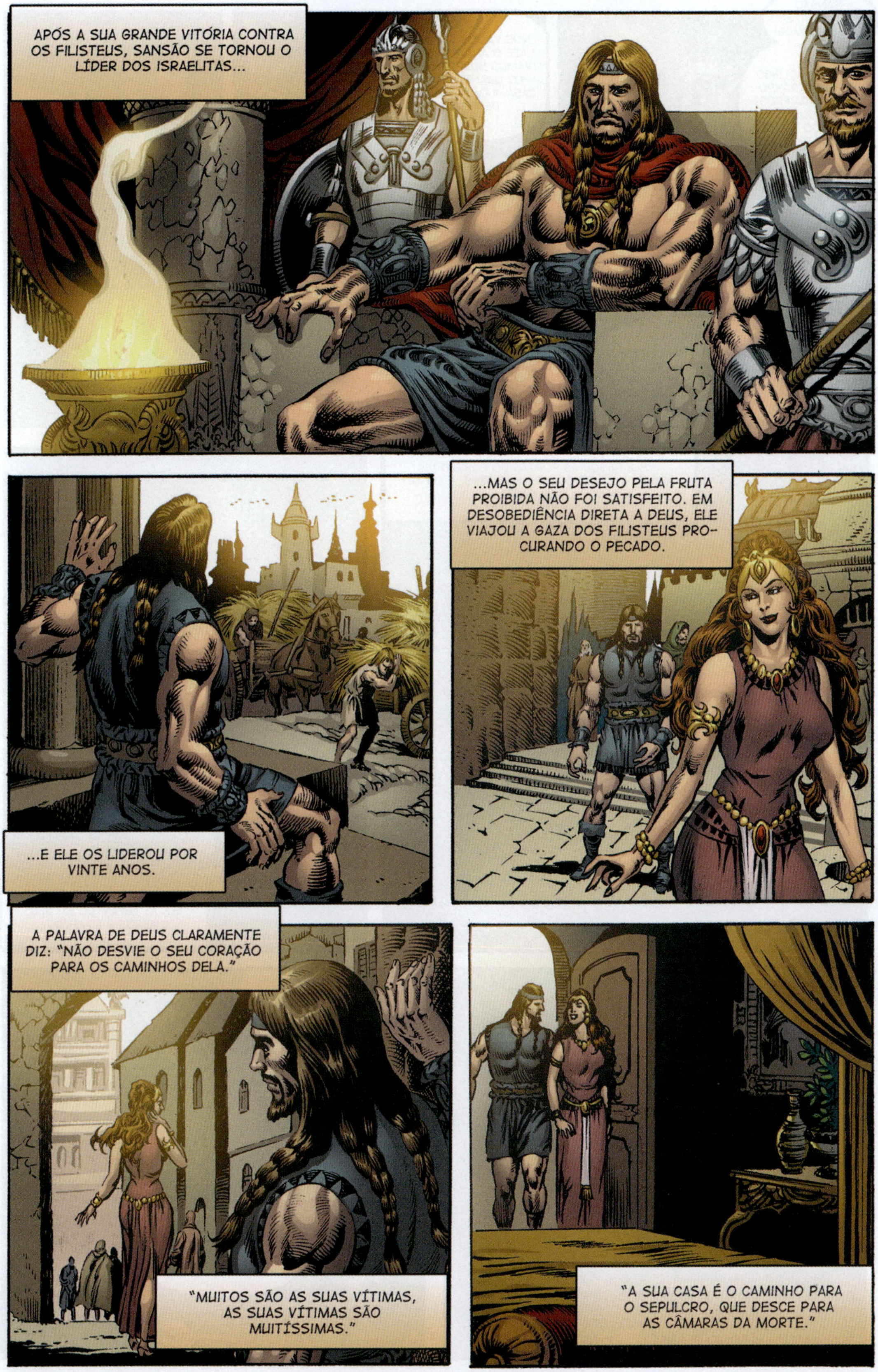
APÓS A SUA GRANDE VITÓRIA CONTRA OS FILISTEUS, SANSÃO SE TORNOU O LÍDER DOS ISRAELITAS...
...E ELE OS LIDEROU POR VINTE ANOS.
...MAS O SEU DESEJO PELA FRUTA PROIBIDA NÃO FOI SATISFEITO. EM DESOBEDIÊNCIA DIRETA A DEUS, ELE VIAJOU A GAZA DOS FILISTEUS PROCURANDO O PECADO.
A PALAVRA DE DEUS CLARAMENTE DIZ: "NÃO DESVIE O SEU CORAÇÃO PARA OS CAMINHOS DELA."
"MUITOS SÃO AS SUAS VÍTIMAS, AS SUAS VÍTIMAS SÃO MUITÍSSIMAS."
"A SUA CASA É O CAMINHO PARA O SEPULCRO, QUE DESCE PARA AS CÂMARAS DA MORTE."

JUÍZES 15:20 - PROVÉRBIOS 7:25-27

SANSÃO ESTÁ AQUI, EM NOSSA CIDADE!
ERUB, O MOLEIRO O VIU ENTRANDO NA CASA DA PROSTITUTA QUE MORA PERTO DO MERCADO DOS TECELÕES.
MUITO BOM. NEM PRECISAMOS CORRER ATRÁS DELE DESSA VEZ. OS NOSSOS DEUSES O TROUXERAM A NÓS.
NÓS VAMOS ESPERAR ATÉ O AMANHECER E VAMOS SURPREENDÊ-LO QUANDO SAIR DA CASA. VAMOS PRECISAR DE TODOS.
ELE PEGOU AS PORTAS DO PORTÃO DA CIDADE, JUNTO COM DOIS POSTES, E OS ARRANCOU COM BARRA E TUDO.
ELE AS LEVANTOU EM SEUS OMBROS E AS LEVOU...
.. PARA O TOPO DO MORRO EM FRENTE A CIDADE.
ELE NÃO PODE SER HUMANO.
...OU TALVEZ O SEU DEUS REALMENTE É O TODO PODEROSO DEUS.
SEJA O QUE FOR...HOMEM OU DEUS...ELE DEVE SER PARADO.

JUÍZES 16:1-3

ELES NÃO TEM MULHERES ASSIM LÁ NA FAZENDA.
COM CERTEZA.
VAMOS CONHECÊ-LAS UM POUCO MELHOR.
OLHA O QUE OS CACHORROS ARRASTARAM AQUI.
GAROTOS DA FAZENDA, ELES NÃO SÃO DAQUI.
VOCÊS PRECISAM ABRIR OS OLHOS...ELES SÃO HOMENS, AINDA MAIS O QUE ESTÁ NO MEIO.
PODEMOS TE AJUDAR?
NÓS ACABAMOS DE VENDER CEREAIS E VIMOS O FESTIVAL, NÓS QUEREMOS CONHECER ALGUMAS PESSOAS DAQUI.
E ESSE LUGAR FOI BOM PARA COMEÇAR.
ENTÃO, OS HOMENS FILISTEUS TE DERAM UM PREÇO JUSTO PELOS CEREAIS?
NÃO, MAS TAMBÉM NÃO DEMOS O PESO CORRETO. SABEMOS QUE OS COMPRADORES FILISTEUS SEMPRE TENTAM ABAIXAR OS NOSSOS PREÇOS.
ACHO QUE PODE CHAMAR ISSO DE COMPREENSÃO MÚTUA.
VOCÊ É SÁBIO.
SOU EXPERIENTE.

QUER DAR UMA VOLTA?
COM UM HOMEM CUJO NOME NÃO SEI?
O MEU NOME É SANSÃO, AGORA VOCÊ SABE O MEU NOME.
O SANSÃO...O MESMO QUE DESTRUIU METADE DO EXÉRCITO FILISTEU?
ELES QUE PEDIRAM.
OS NOSSOS GOVER-NANTES DIZEM QUE VOCÊ TEM O PODER DOS DEUSES
PARECE PERIGOSO DAR UMA VOLTA COM VOCÊ.
NÃO PERIGOSO... DIVERTIDO.

JUÍZES 16:4

SHAGOL E ALGUNS LÍDERES QUEREM CONVERSAR COM VOCÊ...
É VERDADE, O VALE DE SOREK PRODUZ AS MELHORES FRUTAS DAS TERRAS DOS FILISTEUS.
E DELICIOSAS..
CONTUDO, NÃO ESTAMOS AQUI PARA ADMIRAR A SUA BELEZAS. QUEREMOS CONTRATÁ-LA.
VOCÊ FOI CAPAZ DE FAZER ALGO QUE UMA ESQUADRA DE MIL DE NOSSOS MELHORES SOLDADOS NÃO CONSEGUIRAM. DOMAR SANSÃO.
NÓS SABEMOS QUE ELE FICOU A NOITE EM SUA CASA ALGUNS DIAS ATRÁS.
SANSÃO É MANSO IGUAL OS LEÕES QUE PERCORREM AS MONTANHAS AO REDOR DO NOSSO VALE.
MAS PELO MENOS ELE DESCEU DAS MONTANHAS PARA NÓS O VERMOS.
NÓS VAMOS PAGAR PARA VOCÊ DOMÁ-LO.
É PERIGOSO DOMAR ANIMAIS SELVAGENS. VOCÊS SABEM QUE ALGUNS ADESTRADORES SÃO MORTOS.
ESTAMOS DISPOSTOS A FAZER VALER O RISCO.
QUAL É O RISCO? QUAL HOMEM NÃO IRIA PARA OS BRAÇOS DE DALILA?
QUANTO?
SE VOCÊ SUBJUGAR SANSÃO E ENTREGÁ-LO EM NOSSAS MÃOS, VOCÊ RECEBERÁ 1100 PEÇAS DE PRATA...
DE CADA UM DE NÓS.

JUÍZES 16:5

SANSÃO, QUÃO FORTES E MUSCULOSOS SÃO OS SEUS BRAÇOS!
A INVEJA DE MUITOS HOMENS, EU TENHO CERTEZA!
CARPIR A TERRA E CULTIVAR TE DEIXA FORTE.
TEM QUE SER MAIS DO QUE CULTIVAR TERRA. EXISTEM MUITOS FAZENDEIROS AQUI, MAS NENHUM DELES CONSEGUE ARRANCAR UM PORTÃO DE SUAS DO-BRADIÇAS.
CORREIAS... PRECISA SER CORREIAS NOVAS.
SE ALGUÉM CON-SEGUIR ME AMAR-RAR COM ELAS, SEREI FRACO IGUAL A QUALQUER HOMEM.
SANSÃO, OS FILIS-TEUS ESTÃO AQUI!

JUÍZES 16:6-9

POR QUE ESTÁ BRAVA? ERA EU QUEM OS FILISTEUS TENTARAM ATACAR.
HOMENS. VOCÊS NÃO SABEM DE NADA!
EU SEI O SUFICIENTE PARA ME VIRAR.
SANSÃO, AS MULHERES QUEREM INTIMIDADE. QUEREMOS QUE OS NOSSOS HOMENS COMPARTILHEM OS SEUS SEGREDOS, OS SEUS CORAÇÕES, CONOSCO.
COMO PODEMOS SER ÍNTIMOS SE VOCÊ NÃO É HONESTO COMIGO SOBRE COMO PODE SER AMARRADO?
SE VAMOS SER ÍNTIMOS, TEMOS QUE COMPARTILHAR TUDO COM O OUTRO.
EU VOU CONTAR O SEGREDO DA MINHA GRANDE FORÇA.
SE ALGUÉM TENTAR ME AMARRAR COM CORDAS QUE NUNCA FORAM USADAS, ME TORNAREI FRACO IGUAL A QUALQUER HOMEM.
AGORA VOCÊ TEM MEU CORAÇÃO!
VAMOS BEBER DO AMOR, EU ME SINTO MUITO ÍNTIMA COM VOCÊ.
...MAS SANSÃO ARREBENTOU AS CORDAS COMO SE FOSSEM FIOS.

QUAL É O SEU PROBLEMA? VOCÊ NÃO COMEU NADA.
VOCÊ QUER ALGUMA OUTRA COISA? SEJA O QUE FOR, SANSÃO BUSCARÁ PARA VOCÊ.
O QUE EU DESEJO, VOCÊ NÃO PODE ME DAR.
AMANTES DEVEM SER ÍNTIMOS, E COMPARTILHAR TUDO COM O OUTRO. EU COMPARTILHEI A MINHA CAMA COM VOCÊ
MAS VOCÊ NÃO ME MOSTRA OS SEGREDOS DO SEU CORAÇÃO.
VOCÊ FAZ UMA ZOMBARIA DE NOSSO RELACIONAMENTO.
EU DECIDI QUE PRECISO PARAR DE TE VER, E CASAR COM ALGUÉM DO MEU POVO, OS FILISTEUS.
FUI BURRA POR ME ENVOLVER COM UM HOMEM COMO VOCÊ.
EU NÃO QUIS TE DIZER PORQUE NUNCA CONTEI ISSO PARA NINGUÉM.
O SEGREDO É O MEU CABELO.
SE VOCÊ TECER AS MINHAS SETE TRANÇAS NO TECIDO NO TEAR, E APERTÁ-LAS COM O PINO, ME TORNAREI FRACO IGUAL A QUALQUER HOMEM.
OH SANSÃO, AGORA EU ME SINTO PRÓXIMA DE VOCÊ, QUE REALMENTE NOS CONHECEMOS!
VENHA, VAMOS DESFRUTAR DO NOSSO AMOR JUNTOS.
SANSÃO, OS FILISTEUS ESTÃO AQUI!

JUÍZES 16:13-14

NÃO CHORE, EU NUNCA CONTEI ISSO NINGUÉM.
É ISSO QUE SOU PARA VOCÊ? NIN-GUÉM!
SE VOCÊ REALMENTE ME AMASSE, NÃO HA-VERIA SEGREDOS ENTRE NÓS.
ELA RESMUNGOU E O CUTUCOU TODO DIA...
ATÉ ELE SE ESGOTAR.
NENHUMA LÂMINA TOCOU A MINHA CABEÇA PORQUE FUI ESCOLHIDO COMO NAZIREU POR DEUS DESDE MEU NASCIMENTO.
SE A MINHA CABEÇA FOSSE RASPADA, EU PERDERIA A MINHA FORÇA E FICARIA FRACO IGUAL A QUALQUER HOMEM.
DALILA SABIA QUE ELE HAVIA CONTADO TUDO E ELA SECRETAMENTE CHAMOU OS GOVER-NANTES FILISTEUS.
VOLTE MAIS UMA VEZ; ELE ME CONTOU TUDO.
TOMARA QUE VOCÊ ESTEJA CERTA.

HOJE FOI UM DIA LONGO, POR QUE VOCÊ NÃO DORME
AQUI NO MEU COLO, MEU AMOR? AQUI É CONFORTÁVEL.
EU DEVERIA IR...
VAI, VAI, E FOI. E PODE SER POR UM BOM TEMPO.
O SEU CABELO, O SÍMBOLO DA GRANDE FORÇA DE DEUS, O DEIXA ENQUANTO DALILA RASPA O SEU CABELO. .
O GRANDE LEÃO SE TORNOU UM FRACO CORDEIRO
OS FILISTEUS ESTÃO AQUI!
EU SAIREI COMO ANTES E ME LIVRAREI.
MAS SANSÃO NÃO SABIA QUE O SENHOR O HAVIA DEIXADO POR CAUSA DA SUA DESOBEDIÊNCIA.

JUÍZES 16:19-20

O QUE...?!
TRAGAM-NO AQUI NESSE SUPORTE.
OKAY SEU CACHORRO HEBREU, NÓS VIMOS O QUE VOCÊ FEZ COM O NOSSO POVO, AGORA VOCÊ NÃO VERÁ MAIS!
IAAAHHH!
DESFRUTE DA SUA RECOMPENSA, DALILA.
A MINHA RECOMPENSA É VER ESSE JUMENTO HEBREU NÃO SER MAIS UM FLAGELO AO NOSSO POVO.
O ÚNICO FLAGELO QUE SANSÃO CONHECERÁ AGORA É O FLAGELO DO AÇOITE DO MESTRE. LÁ ELE SERÁ O JUMENTO QUE GIRA O MOINHO.

JUÍZES 16:20-21

DEUS, O QUE FOI QUE EU FIZ...
DEUS, ME PERDOE... POR TE ESQUECER.
...E NÃO FAZER O QUE ME CHAMASTE PARA FAZER.
AAAGHHH!
EMPURRE, SEU JUMENTO HEBREU!
DEUS, EU JOGUEI FORA CADA PRESENTE QUE ME DESTE.
DEUS, TENHA MISERICÓRDIA DE MIM.

JUÍZES 16:21

MAS COM A PERDA DA VISÃO, SANSÃO COMEÇA A VER PELA PRIMEIRA VEZ.
JAVÉ, VOCÊ ME DEU UM PRESENTE... E EU O DESPERDICEI.
ME PERDOE.
MAS O CABELO DE SANSÃO VOLTOU A CRESCER.
MAS O MAIS IMPORTANTE, A SUA OBEDIÊNCIA VOLTOU, E O SEU ESPÍRITO COMEÇOU A VOLTAR.
OUÇA A MINHA ORAÇÃO Ó DEUS, USA-ME DE NOVO
EU CAÍ...ME LEVANTE.
ME FAÇA FORTE DE NOVO... PARA TI.
DÊ-ME MAIS UMA CHANCE...
PARA FAZER A TUA VONTADE.

LEVANTE--SE, CACHORRO HEBREU.
OHH.
AGORA VOCÊ PODE SERVIR PARA ALGUM OBJETIVO.
NÓS CELEBRAMOS O FESTIVAL DE DAGOM HOJE.
VOCÊ...É O ENTRETENIMENTO.
OLHE, ELE PARECE UM CAMUNDONGO CEGO!
SIM, SIM, PARECE. UM CAMUNDONGO HEBREU!

JUÍZES 16:22-25

SIM!
DAGOM SUBJUGOU OS NOSSOS INIMIGOS!
FAÇAM ELE PAGAR PELO O QUE FEZ CONOSCO!
MATE O CACHORRO HEBREU!

ESSE DEVE SER UM DIA DE ALEGRIA.
FAÇAM SANSÃO DANÇAR UMA MÚSICA PARA NÓS.
SIM, MEU SENHOR.
AGORA SIM.
AGORA TEMOS ENTRETENIMENTO DE VERDADE!
VEJAM COMO O PODEROSO CAIU.
ONDE ESTÁ A SUA FORÇA, SANSÃO?
ISSO É O QUE VIEMOS ASSISTIR!

NOSSO DEUS ENTREGOU O INIMIGO AS NOSSAS MÃOS, O QUE DESTRUIU A NOSSA TERRA E MULTIPLICOU OS NOSSOS MORTOS.
ONDE ESTÁ O SEU DEUS AGORA, SANSÃO?!
VOCÊ É PATÉTICO. EU PENSEI QUE VOCÊ COM CERTEZA DARIA AO POVO UM ESPETÁCULO.
LEVEM SANSÃO AO LADO.
APÓS OS JOGOS, VAMOS TRAZÊ-LO DE VOLTA PARA DIVERSÃO.
FAZ-ME UM FAVOR.
E QUAL É O FAVOR?
ME PONHA ONDE POSSO SENTIR OS PILARES QUE APOIAM O TEMPLO, PARA ME ENCOSTAR NELES.
Ó SENHOR SOBERANO, LEMBRA-TE DE MIM.
Ó DEUS, POR UMA ÚLTIMA VEZ, DÊ-ME FORÇA, E COM UM GOLPE ME VINGAR DOS FILISTEUS PELOS MEUS OLHOS.
DEIXE-ME MORRER COM OS FILISTEUS.

IAAAH!
NÃO...!

EEEAAAHH!
IEEEE!
SOCORRO!
JUÍZES 16:30

CERCA DE TRÊS MIL HOMENS E MULHERES MORRERAM NA CATÁSTROFE.
SANSÃO MATOU MUITO MAIS EM SUA MORTE DO QUE EM SUA VIDA.

JUÍZES 16:30

ENTÃO SEUS IRMÃOS E FAMÍLIA DE SEU PAI FORAM BUSCÁ-LO.
"NÃO SEJA ENGANADO. DEUS NÃO É RIDICULARIZADO.", "O HOMEM COLHE O QUE SEMEIA."
ELES O ENTERRARAM NA TUMBA DE SEU PAI, MANOÁ.

JUÍZES 16:31

SANSÃO LIDEROU ISRAEL POR VINTE ANOS.
"...ASSIM, ELA O SEDUZIU COM PALAVRAS SUAVES, SEM SABER QUE CUSTARIA A SUA VIDA."
FIM

JUÍZES 16:31 - PROVÉRBIOS 7:21-23